T0276615

This book belongs to

Este libro pertenece a

Illustrations by Paula Knight
English language consultant: Betty Root

First published 2017 by Parragon Books, Ltd.
Copyright © 2020 Cottage Door Press, LLC
5005 Newport Drive, Rolling Meadows, Illinois 60008

All Rights Reserved

ISBN 978-1-68052-858-9

Parragon Books is an imprint of Cottage Door Press, LLC.
Parragon Books® and the Parragon® logo are
registered trademarks of Cottage Door Press, LLC.

My First
100
WORDS

• • • • • •

Mis primeras
100
PALABRAS

SPANISH and ENGLISH · ESPAÑOL e INGLÉS

PaRragon.

Mi familia
My family

la mamá
mom

el papá
dad

el hermano
brother

la hermana
sister

el bebé
baby

la abuela
grandma

el abuelo
grandpa

el perro
dog

En mi casa
In my home

la puerta
door

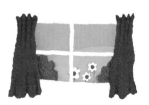

la ventana
window

la alfombra
rug

la televisión
television

la silla
chair

el sofá
sofa

la mesa
table

las flores
flowers

Mi ropa
My clothes

la camiseta

undershirt

los calzoncillos

underpants

el pantalón corto

shorts

los pantalones

pants

la falda
skirt

los calcetines
socks

los zapatos
shoes

la camisa
shirt

el suéter
sweater

La hora de comer
Mealtime

el tazón
bowl

el plato
plate

la jarra
pitcher

el cuchillo
knife

el tenedor
fork

la cuchara
spoon

la taza
cup

el platito
saucer

La hora de jugar
Playtime

el tren
train

la trompeta
trumpet

el tambor
drum

los bloques
blocks

a caja sorpresa

jack-in-the-box

la muñeca

doll

las pinturas

paints

el rompecabezas

puzzle

En la ciudad
In the city

el autobús
bus

el camión
truck

la tienda
store

la bicicleta
bicycle

Ellos y Ellas

FRUTAS

el carro
car

el cochecito
stroller

el camión de bomberos
fire truck

la moto
motorcycle

En el parque
In the park

los columpios
swings

el tobogán
slide

el subibaja
seesaw

la pelota
ball

la verja
gate

el árbol
tree

el pájaro
bird

la cometa
kite

A la orilla del mar
At the seashore

el cubo
pail

la pala
shovel

el helado
ice cream

el pez
fish

el castillo de arer
sandcastle

la playera
T-shirt

el cangrejo
crab

el barco
boat

el caracol
snail

En la tienda
At the store

la canasta
basket

el carrito
cart

los plátanos
bananas

las manzanas
apples

las naranj
orange

las zanahorias
carrots

el pan
bread

los tomates
tomatoes

la leche
milk

el queso
cheese

En la granja
On the farm

el caballo
horse

la vaca
cow

el granjero
farmer

el cerdo
pig

la gallina
chicken

el gato
cat

la oveja
sheep

el tractor
tractor

La hora del baño
Bathtime

el cepillo de dientes
toothbrush

la pasta de dientes
toothpaste

la bañera
bathtub

el pato
duck

el jabón
soap

la toalla
towel

la bacinica
potty

el lavabo
sink

La hora de dormir
Bedtime

la lámpara
lamp

las pantuflas
slippers

la cama
bed

el relo
clock

el libro
book

la luna
moon

la pijama
pajamas

el osito de peluche
teddy bear

Frases útiles   Useful phrases

Hola	Hello
Adiós	Goodbye
Sí	Yes
No	No
Por favor	Please
Gracias	Thank you
Buenos días	Good morning
Buenas tardes	Good afternoon
Buenas noches	Good night

¿Cómo te llamas?	What is your name?
Me llamo …	My name is …
¿Cómo estás?	How are you?
Muy bien.	I am very well.
¿Dónde vives?	Where do you live?
Vivo en …	I live in …
¿Cuántos años tienes?	How old are you?
Tengo … años.	I am … years old.

Las partes del cuerpo Parts of the body

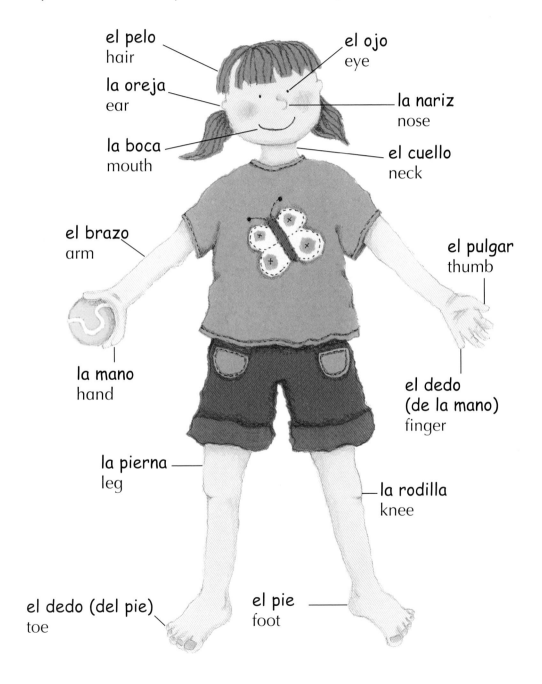

el pelo
hair

el ojo
eye

la oreja
ear

la nariz
nose

la boca
mouth

el cuello
neck

el brazo
arm

el pulgar
thumb

la mano
hand

el dedo
(de la mano)
finger

la pierna
leg

la rodilla
knee

el dedo (del pie)
toe

el pie
foot

Los días de la semana
Days of the week

Lunes	Monday
Martes	Tuesday
Miércoles	Wednesday
Jueves	Thursday
Viernes	Friday
Sábado	Saturday
Domingo	Sunday

Los meses del año
Months of the year

Enero	January
Febrero	February
Marzo	March
Abril	April
Mayo	May
Junio	June
Julio	July
Agosto	August
Septiembre	September
Octubre	October
Noviembre	November
Diciembre	December

Los colores Colors

 blanco white

 rojo red

 negro black

 marrón brown

 naranja orange

 rosa pink

 amarillo yellow

 morado purple

 verde green

 azul blue

Los números Numbers

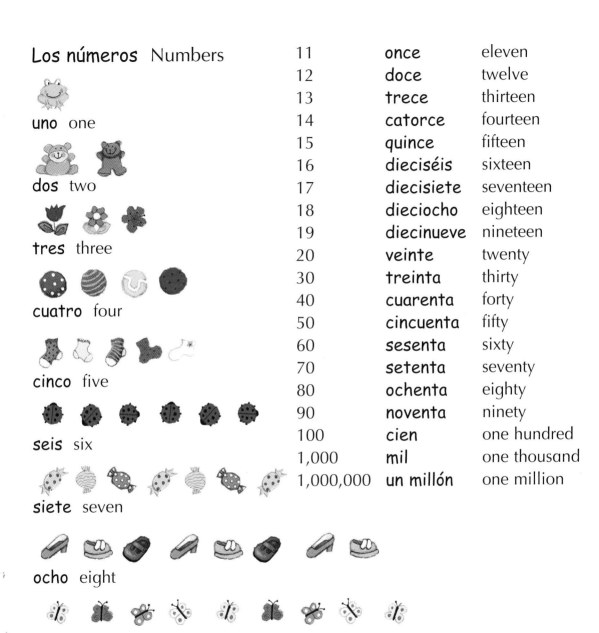

uno one

dos two

tres three

cuatro four

cinco five

seis six

siete seven

ocho eight

nueve nine

diez ten

11	once	eleven
12	doce	twelve
13	trece	thirteen
14	catorce	fourteen
15	quince	fifteen
16	dieciséis	sixteen
17	diecisiete	seventeen
18	dieciocho	eighteen
19	diecinueve	nineteen
20	veinte	twenty
30	treinta	thirty
40	cuarenta	forty
50	cincuenta	fifty
60	sesenta	sixty
70	setenta	seventy
80	ochenta	eighty
90	noventa	ninety
100	cien	one hundred
1,000	mil	one thousand
1,000,000	un millón	one million

Word list   Lista de palabras

a

la abuela	grandma
el abuelo	grandpa
la alfombra	rug
amarillo	yellow
el árbol	tree
el autobús	bus
azul	blue

b

la bacinica	potty
la bañera	bathtub
el barco	boat
el bebé	baby
la bicicleta	bicycle
blanco	white
el bloque	block
la boca	mouth
el brazo	arm

c

el caballo	horse
la caja sorpresa	jack-in-the-box
el calcetín	sock
los calzoncillos	underpants
la cama	bed
el camión	truck
el camión de bomberos	fire truck
la camisa	shirt
la camiseta	undershirt
la canasta	basket
el cangrejo	crab
el caracol	snail
el carrito	cart
el carro	car
la casa	house
el castillo de arena	sandcastle
el cepillo de dientes	toothbrush
el cerdo	pig
la ciudad	city
el cochecito	stroller
los columpios	swings
la cometa	kite
la comida	meal
el cubo	pail
la cuchara	spoon
el cuchillo	knife
el cuello	neck

d

el dedo (de la mano)	finger
el dedo (del pie)	toe

f

la falda	skirt
la familia	family
la flor	flower

g/h

la gallina	hen
el gato	cat
la granja	farm
el granjero	farmer
el helado	ice cream
la hermana	sister
el hermano	brother

j

el jabón	soap
la jarra	pitcher

l

la lámpara	lamp
el lavabo	sink
la leche	milk
el libro	book
la luna	moon

m

la mamá	mom
la mano	hand
la manzana	apple
el mar	sea
marrón	brown
la mesa	table
morado	purple
la moto	motorcycle
la muñeca	doll

n/o

la naranja	orange
la nariz	nose
negro	black
el ojo	eye
la oreja	ear
el osito de peluche	teddy bear
la oveja	sheep

p/q

el pájaro	bird
la pala	shovel
el pan	bread
el pantalón corto	shorts
los pantalones	pants
las pantuflas	slippers
el papá	dad
el parque	park
la pasta de dientes	toothpaste
el pato	duck
la pelota	ball

el pelo	hair
el perro	dog
el pez	fish
el pie	foot
la pierna	leg
la pijama	pajamas
las pinturas	paints
el plátano	banana
el platito	saucer
el plato	plate
la playera	T-shirt
la puerta	door
el pulgar	thumb
el queso	cheese

r

el reloj	clock
la rodilla	knee
rojo	red
el rompecabezas	puzzle
la ropa	clothes
rosa	pink

s

la silla	chair
el sofá	sofa
el subibaja	seesaw
el suéter	sweater

t

la taza	cup
el tazón	bowl
la televisión	television
el tambor	drum
el tenedor	fork
la tienda	store
la toalla	towel
el tobogán	slide
el tomate	tomato
el tractor	tractor
el tren	train
la trompeta	trumpet

v

la vaca	cow
la ventana	window
verde	green
la verja	gate

z

la zanahoria	carrot
el zapato	shoe